심상시선 140

비상

蘭井 황보혜 지음

시인의 말

저도 중, 고등학교, 대학교 때 까지
소설책을 잡고 읽기 시작하면
밤늦도록 읽던 습성들이 생각납니다.
시험만 앞두면 더 읽고 싶어지는 버릇이 있었습니다.
결말을 빨리 보기 위해서였겠지요.

시골에 와서 농사도 지으면서
자연을 많이 관찰하게 되어서
시의 소재로도 많이 등장합니다.
자연은 역시 인간을 배신하지 않고
땀을 뿌린 만큼 보답을 하더군요.
기상이변이 아닌 이상 정직합니다.
정직을 식물에서, 자연에서 배웁니다.

이슬들이 모여서 강물을 이루듯
고민하던 시어 한자 한자 모아서 드디어 시집이 되었습니다.
"구슬도 꿰어야 진주 목걸이가 된다"고 누가 그랬듯이
더 늦기 전에 해야 할 것 같아서 엮어봅니다.

모두 교수님의 지도, 편달이 있어서 가능한 일입니다.
박동규 교수님께 진심으로 매우 감사드립니다.

2025년 10월
황 보 혜

차례

시인의 말   3

제1부 사랑의 결실

주작산 진달래	11
매화꽃 향기	12
도라지꽃	13
참나리꽃	14
쑥섬 수국	15
시름 덜어주는 금계국	16
아카시아 꽃	17
라일락꽃	18
노루귀꽃이 뭐 길래…	19
기생식물	20
개미취꽃	21
능소화	22
귀여운 봄의 전령사	23
황매산의 꽃 향연	24
적막한 사막	25
저 구름	26
벚꽃	27
뫼비우스의 띠	28
황매산	29
산벚꽃	30
바람꽃	31
산수유	32

제2부 사계절

늦은 가을	35
가을에	36
가을비	37
가을 단풍	38
가을 단상	39
첫 눈	40
겨울비	41
봄	42
진눈깨비	43

제3부 여행

비오는 날의 라벤더 여행	47
앤텔로프캐년	48
남쪽나라	49
을숙도	50
겨울 해운대 바닷가 일출	51
다대포 낙조	52
거제도 몽돌해변	53
강천사	54
소매물도	55
미대륙 새벽을 열면서	56
안동하회마을	57
백담사 가는 길	58
바다 한가운데	59
소라	60
부산 송도해수욕장	61
차 안에서	62
해운대	63
아버지품속 닮은 한려수도	64

제4부 삶

떨어진 동백꽃	67
흔적	68
그 남자	69
비상 (飛上)	70
어느 화가의 일생	71
시절 연인	72
손	73
동물원의 기린	74
가버린 사람들	75
사막	76
서품식	77
나무	78
사부곡	79
현충일을 맞아	80
해변시인학교	81
추억 만들기	82
순국소방관	83

제5부 우주

옵바위	87
하늘에 그린 그림	88
저 구름	89
은빛세상	90
안개의 삶	91
은하수	92
논바닥 거울	93
노을	94
붉은 보름달	95
천둥과 번개	96
무지개	97
바람	98
산그리메	99
지상으로 가는 길	100
파란 잎	101
안개	102
나의 태생	103
반딧불이	104
보름달	105
손	106
쓸쓸한 몸짓들	107
어느 할머니의 봄날	108
화	109

시평 111
사물을 보는 따뜻한 마음과
사실성의 효용 - 박동규

제1부 사랑의 결실

주작산 진달래

연분홍 진하게
겨우내 안으로만 응결된 마음

홀로 있으면 여리고 소박하나
바위틈 구석구석 무리지어 있으면
봉황새가 날개를 활짝 핀 듯 화려한 진달래

연분홍 진달래
진분홍 봉황으로
내 마음에 내려 앉는다

매화꽃 향기

자꾸만 미끄러지는 빙판의 겨울
바다도 얼어붙는 계절을 이겨낸
매섭게 달려온 사람에게
제일 먼저 실어다주는 봄 선물

구름같은 소망을 품고
사푼사푼 걸어보면 스치는 바람
숲속 매화꽃 향기 자욱한 골짜기
어느꽃보다 그윽한 향기

전생에 선녀였던 냥
무릉도원 생각나
고달픈 이승 잠시 잊어본다.

도라지꽃

별모양 닮은 보라꽃
밭에도 화단에도 피었다

모두 우러러보는
밤하늘에 빛나는 별
보랏빛 비슷하게 닮아있다

우리는 보라색 꽃별을 먹기도 한다
그래서인지 돌아가서
더러는 하늘의 별이 되기도 한다

보랏빛 꽃 화전 먹고
별이 된 양
하늘 둥둥 떠오른다

참나리꽃

한 여름
섬이나 산이나 들이나 길을 걷다보면
가는 곳마다 군데군데 피어있는
한 명의 여왕과
여섯 명의 파수꾼이 지키고
있는
점박이 주황색 얼굴에 초록색 잎
고아한 자태

무더위에 지쳐 다리 무거운 나그네
꽃을 얼굴로 당기어 더위 잠시 잊는다
금새 생기 얻어 가뿐해진 몸
날 듯이 가볍게 걸어간다

쑥섬 수국

바다 위 섬 가운데
수국 가득 안고
둥둥 떠 있는 섬

은은하고 우아한
파스텔 톤의 고운 빛깔
군데군데 수북한 꽃송이들 피워

섬마을 사람들과 오래 전부터
가족이 된 고양이와 갈매기
한가로이 섬을 지키고

사람들이
외로이 바다에 떠 있는
수국 보러 모여들어
외로워도 울지 않는
풋풋한 수국 향 풍기는 섬

망망대해 가운데 홀홀 단신
홀로라도 결코 울지 않는다

시름 덜어주는 금계국

저 멀리 산등성엔 노란 금계국 꽃
쏟아지는 햇살에
산허리를 황금빛으로 물들이며
반짝인다

한적한 농촌 가로수 길옆
금계국 꽃이 활짝 피어나고

갓 모내기 한 시골 논두렁길엔
금계국 꽃 사이로
노란 아지랑이가 피어오르며

농부의 굽어진 등에 아른거리던
시름을 말끔히 씻겨 준다

아카시아 꽃

멀리서 보면 온 산이 희뿌연 산
가까이서 보면 아카시아 꽃들이
틈새마다 주렁주렁
하얀 포도송이 같은 꽃들이 온 산 가득
아카시아 주변엔 다른 나무들이 없다
개미들이 아카시아만 좋아하기 때문에

인간 세상도
다른 사람 억제하고 저지하는 사람들
혼자 잘 살겠다고 발버둥치는 사람들
아카시아 꽃을 닮았다

라일락꽃

5월에 교정에 피었던 라일락꽃
이십대 시험에 찌들린 청춘 때
호사스런 향기 나는 보라색 낭만
눈을 감고 보라꽃 내음을 음미하며
황홀해 했던 친구들

시간에 쪼들려 사는 청춘들에
아름다운 미래를 꿈꾸게 하는
차라리 한줄기 빛

보라향기를 맡으며 전문직업인이 되어
우아하게 살 수 있을 거란 꿈을 꾸며

애벌레의 어려움을 견디면서
아름다운 나비가 되어
보라색 꿈을 펼치고 싶었다.

노루귀꽃이 뭐 길래...

추위가 덜 가신 틈바구니로
털이 보송보송한 연약한 꽃대

봄의 전령사는 부끄러운 듯
얼굴을 진분홍으로 붉히며
살며시 내미는 앙증맞고 귀여운 얼굴

반가운 마음으로 귀한 노루귀 아씨 맞으려
꿇어앉아서도 보고, 누워서도 보고,
엎드려서도 보느라
숨이 차다

이렇게 누구한테 납작 엎드린 적이
내 기억엔 없다.

기생식물

아무 쓸모 없이 나무만 있으면
덩굴을 만들어 자꾸만 기어올라 타고 가는
담쟁이

비만 한번 오고 나면 쑥쑥 자라
장마철 지나고 나면
원래 나무를 아예 뒤덮어 버리고
원래 자기가 나무였던 냥
완전 다른 나무인 냥 가린다

저 혼자서는 형태도 못 이루면서
원래 나무의 영양분을 빼앗아
원나무를 죽이고 그 나무에 자기 옷을 입고
원래 나무였던냥 가짜나무 행세를 한다

개미취꽃

초가을 문경 월방산 산자락 아래
봉천사 주변은 사방 온통 연보라
개미취 꽃밭 연보라 꿈을 맘껏 품었다

대웅전 앞마당 너럭바위 사이로
백년 된 한 쌍의 부부송 사이좋게
앞마을에 떠오르는 해를 매일 보고 있다

나비와 벌들도 꽃향기 맡고
스님의 소망을 담아
여기저기 반가운 소식 전한다

너도나도 모두 꽃이 된냥 주인공 되어
꽃밭 주변 아무 데나 서도 걸작 사진

해맑고 자신감 넘치는 미소
모든 시름 잊고 연보라 순정을 남긴다

능소화

여름이 무르익어
더위에 지쳐갈 때 쯤
폭풍우도 이겨내고 기와집 담장 위로
살포시 피어나는 주황색 연정
양반집에만 심을 수 있었다는 능소화

삶에 지칠 때 쯤
눈에 띄는 주황빛
담장 아래로 주렁주렁 열릴 때
순결한 사모*의 기운 받아
나머지 반년 살아가야지

* 사모(思慕): 애틋하게 생각하며 그리워함.

귀여운 봄의 전령사

봄의 귀여운 전령사 노루귀꽃
추위가 채 가시기도 전에
털이 보송보송한 연약한 꽃대
세우고

부끄러운 듯 얼굴 붉히며
앙증맞은 모습
살며시 내민다

봄을 기다리는 마음으로
귀한 노루귀 새아씨
반갑게 맞았다

너무 반가워 정신없이
꿇어앉아서도 보고
누워서도 보고
엎드려서도 보느라 숨이 차다

이제 봄은 내 곁에도 오는 가보다

황매산의 꽃 향연

매화꽃 닮은 황매산 정상에
오르면
발밑에 낮은 구릉들이
즐비하고

분홍빛 철쭉들의 물결이
아름다운 바다를 이룬다

황매산의 밤은 별들의 잔치
북두칠성
안드로메다
카시오페아
북극성...
별과 꽃들의 향연

나는 별꽃에 취해서
밤을 새웠다

적막한 사막

사막위엔 바람과 모래와 낙타
발자국만 있을 뿐
아무도 없다

소리 높여 불러도 외쳐 봐도
메아리도 없다
무서울 만큼 정적만 흐른다

바람 소리만 나는 적막은
세상 시끄러워 두고 온 세계를
차라리 그립게 한다

밤의 사막은 별이 빛나는
오아시스
손에 닿을 듯 별들이 총총 내려와
친구가 되어준다

너무 적막한 사막의 두려움 잊으려
별들과 이야기 건넨다

저 구름

한 여름 강물에서 몽실몽실 피어올라
승천하는 저 구름
잠시 쉬어 갈 때는 하늘 여백에
멋진 그림을 그린다

용도 그리고 양도 그리고
어떤 때는 강아지도 그린다

파란 하늘에 둥둥 떠다니며
흩어졌다 모였다하는 저 구름
바람 따라 흘러가고
바람 따라 밀려오기도 한다

흘러가는 저 구름이 여백에 그린
예쁜 그림
고이 간직하고 싶지만

밀려왔다 밀려가는 덧없는
인생 같아
멋진 순간을 영원히 잡을 수 없다

벚꽃

매화향기
산수유도 질 무렵
겨우내 힘든 추위를 이겨내고

따뜻한 봄날
이생을 꼭 행복하게 살라고
송이송이 미소를 가득
선물처럼 머금고

바람이 살랑살랑 부니
연분홍 꽃잎들이 꽃비처럼
바람에 휘날리니 떨어지는
꽃잎들이 안타까워
아쉬운 환호를 지른다

걱정 근심 모두 잊고
욕심 내려놓고
이 연분홍 봄날

생전 처음 보는 것 같은 봄
봄 휴가

뫼비우스의 띠

매화꽃 진 자리
꽃받침마다 알알이 맺힌 매실방울
앙증맞은 꽃망울만큼이나
촉촉이 박혀있는 보석
고혹스러운 매화꽃
푸릇푸릇 건강하고 탐스러운 매실
벌레 달려들기 전에 열매익는
청초한 과실

꽃이 피었나싶으면 지고
열매 맺었나싶으면 떨어지고
놀라울 만큼 빠른 자연의 섭리
살짝 비틀려 돌고 도는 순환의 고리

황매산

매화 닮은 황매산
정상에 오르면
발밑엔 낮은 구릉 들이 즐비하고
분홍빛 철쭉들의 물결
꽃바다를 이룬다

밤에는 별들의 잔치
북극성. 북두칠성,
안드로메다,
카시오페아, .
별과 꽃들의 향연
별들의 고향인 듯

은하수 흐르는 밤에
나는 별과 꽃에 취해서
밤을 세웠다

산벚꽃

벚꽃 져서 허황한 자리
야산 산벚꽃은 수풀 속에
아직 화사하게 남아
애잔하게 가는 봄
아쉬움을 덜어준다

늦게 피는 산벚꽃
여운 길게 남아
가슴에 행복한 끝 매김

힘든 세파에 한풀 꺾인 심신
기운 얻어
비정한 세월
헤쳐 나가기 어려운 한 고비
손 모아 정성 다해
또 한고비 넘어 간다

바람꽃

양지 바른 곳
둥근 별모양
다섯 꽃잎 하얀 별

바위틈 반짝반짝 하얀 별
귀엽게 미소 지어
근심을 잊게 하는
겨우내 내린 눈꽃 닮아 하얗게 핀
고요한 곳에서 피어나는 엄마 닮아 정숙한 꽃

정결한 마음 실은 뽀얀 별
때 묻지 않은 산야에 흰 별들 띄웠다

산수유

따뜻한 봄의 생기를 여는 노란색
치자 가루를 흩어놓은 듯
산천이 온통 산수유로 노랗게 물들었네

산수유 필 때쯤 귀천하신 아버지
항상 흐뭇하신 미소로
온갖 어리광을 다 받아주시던 아버지

봄마다 산수유 볼 수 있을 때쯤이면
노란 산수유 아버지 생각으로 만발한다

기일에는 노란 설레는 마음 안고
기차 타고 친정으로 산으로
아버지 뵈러 간다

제2부 사계절

늦은 가을

어느 샌가 늦가을
나무들은 고운 빛깔들로
곱게 모두 옷을 갈아입었다

꽃도 나뭇잎도 떠나보내야만 하는
누가 건드리기만 해도
눈물대신 이파리 툭툭 떨어트리는 나무

이 세상 떠나는 게 안쓰러워
눈물 날 것 같은 가을

반짝이는 햇빛에
꽃 보다 더 예쁜 노란 은행나무
강가엔 억새꽃도 바람 따라 노래하는 만추

가을에

조석으로 부는 선선한 바람
지난 날 생각나
후회가 물 밀 듯 밀려들어 한심한데

창밖을 보니
여름까지의 모두 같은 초록 세상에서
만물이 꽃보다 더 고운
자기만의 고운 빛깔로

들판의 벼는 감은 눈도
모두 눈뜨게 하는
황금색으로 익어가고

감은 깊은 우울을 깨뜨리려는 듯
정신이 번쩍 들게 하는 주황을 뽐내며

산수유는 마지막 열정을 모두 불태워
빨갛게 익어가고 물들어간다

만물은 각자 나름대로
열심히 살고 있다

가을비

을씨년스럽게 바람 불고 비 뿌리는 쓸쓸한 가을날
추적추적 거리는 가을비 따라
화사하게 물든 낙엽도 바람 따라 흘러 내린다
노란 은행잎도 비 따라 같이 휘날린다
가을비 리듬을 따라
낙엽은 빗속으로 빨려 들어갈 것 같아
내 눈도 바람 따라 떨어지는
노란 은행잎 따라 쫓아가고 있다

아무도 찾지 않는 비 내리는 고궁에는
가끔씩 보이는 이방인들만 우산도 쓰지 않고
경이로운 듯 휘둥그레 성큼성큼 울린다

조용한 고궁은 적막한 느낌도 가을비를 닮았다
비는 고궁의 단층 색을 한결 더 돋보이게 해서
덜 빛바랜 듯 보여 누가 살고 있는 것 같다

잘 나가던 화양연화 시절은 아니지만
퇴색되고 오래됐으나
옛날 친정 큰아버지 집 같은 친숙한 느낌이다

애증과 영욕과 환란의 역사가 담겨있는
그냥 놔두고 저세상 가기엔 너무 아까 왔을 대궐
천만년 살 것같이 세상 불호령 쳤어도
세상 부질없이 모두 한 줌의 흙이 되어
한 기의 왕 묘들만 차지하러 가고
궁은 객들만 노닐고 있다

가을 단풍

곱게 물든 빨간 단풍은
가는 세월 아쉬워
세상에 남은 미련을

마지막으로 반짝이는 햇빛에
몸과 마음을 불태워
아쉬움 남지 않게
붉은 열정 아낌없이 드러낸다

호수에 비친 불타는 마음
하늘에 닿아
붉은 노을로 물들여
감동의 도가니로
남은 시간 일깨워
내 가슴에 여운을 남긴다

2024.08.07

가을 단상

너무 지쳤을 땐 때로는 널 놓고
아무 생각 없이 하늘만 멍하니 바라보며
사는 것도 괜찮다

쭉정이만 남은 가을 들판같이
온몸이 탈진될 땐
버스에 몸을 싣고 창밖을 내다보면
주마간산 보이는 곳마다
신이 빚은 오색찬란한 가을 손길들
경이롭고 결국은 또 하나의 겨울을 맞을 준비

같은 듯 비슷한 존재로 태어나
조금씩 진화하며 돌고 돌아 색 달라지는 만물

인간이 망가뜨리지 않으면 아름다운 지구

첫 눈

인사동 거리에 첫 눈이 내리니
모두 아이라도 된 듯이 탄성을 지르며
사진 찍기 바쁘다

만물은 전부 흰 모자를 쓰고
지저분한 곳을 가리고
모두 정결한 듯이 하얀 옷으로 갈아입고
보여주고 싶은 곳만 보여준다

겨울비

정체 모를 회색하늘에
희뿌연 안개를 품고
소리 없이 내리는 비

떠나가신 님들 의
안녕을 생각하게 하고

추적추적 끝없이 내리는 비는
마른 잎과 나무를 적신다

봄

산하는 지금
온통 분홍 빛, 연두 빛 바다
생기 돋는 노랑 빛 천지

눈을 뜨고 있으면
여리여리 연분홍 벚꽃이 눈으로 들어와
파릇파릇 연두를 머금고

하늘하늘 생생한 노랑 유채꽃
봄바람 따라
손 흔드는 진노랑 산수유

보는 눈도
오랜만에 세상시름 잊고
신이 나
바람 따라 흔들린다

진눈깨비

포탄으로 건물들과 사람들과 자연을 잔인
하게 죽이는
피눈물도 없는 인간
공기를 탁하게 해 숨도 못 쉰다

땅도 속이 뒤집혀질 정도로 분한 마음에
속에서 불이 나
붉은 용암들 줄줄 흘러내린다

맑고 높아야 할 겨울하늘도
몇 날 몇 칠 안타까움에 뿌옇게 찌푸리고
눈이 오다가 비가 오다가 미끄러지게
검은 눈물을 살짝 살짝 흩뿌리며 흐느낀다

제3부 여행

비오는 날의 라벤더 여행

부른다
무릉별유천지계곡
가득히 피어있는 라벤더들
빗물을 머금은 보랏빛 미소
햇살대신 운무가 피어나는 산

도심에 찌든 몸
보슬거리는 보슬비로 솜이불같이 적시며
보라 꽃밭에 그림 그린 색색깔의 우산들
라벤더를 씌워주고

꽃밭 옆 호수
보랏빛 내음을 머금은 배
물살을 경쾌히 가르며
쏜살같이 가고 싶다

앤텔로프캐년

콜로라도강 옆 아리조나주
남서부 사막을 한참 횡단하다 만난
오래된 페이지 시내를 지나
앤텔로프캐년 출입구 부근에서
인디언들의 지프차로 환승
모래 먼지 한참 휘날리며 도착한 동굴

좁고 기다란 입구
벽에는 온통 컴컴한 사암들이
나선형으로 물결치며
하늘로 승천할 듯 요동치는 벽
천정에 뚫린 작은 동그란 틈 사이로
때마침 한줄기 빛이 비추이니
사방팔방 화려한 주황색으로
바뀌는 동굴 벽

벽들에 갇힌 인간을 구하러 온 구원의 빛
모래 한 줌 빛 따라 흘러내려
더욱 형상화된 영광의 빛은
현실이 되어 동굴 안에 갇힌 사람들
천상으로 구원해 주는 빛

남쪽나라

남쪽에서 바람이 분다
꽃바람이 분다

온동네 천지가
매화로 마을을 뒤덮고
산수유로 마을을 이루었다

매화마을에 사는 사람은 매화를 닮았고
산수유마을에 사는 사람은 산수유를 닮았
다

광양 홍쌍리에 매화가
봄소식을 전하면서
구례 산동에서 산수유가
뒤질세라 꽃망울들 터뜨린다

밝음을 만들어져 쉬어가라고
힘을 모아 앞으로 나아가라고…

내 마음은 환희

을숙도

산 넘어가는 석양빛에
바다 파도가 금빛 물결로 바뀔 때

을숙도 갈대들이 서서
떠돌아다니는 철새들을
어서 오라 반기듯이
살랑살랑 나부끼며 손짓 한다

철새들은 기러기 모양도 그렸다가
일직선으로도 줄 서서 날았다가
무리를 이루었나 싶으면
일시에 흩어진다

갈대가 바람에 울 때마다
여고 졸업 기념으로 같이 와
양옆으로 늘어선 카페들 흘리는 음악을 들으며
갈대숲에서 숨바꼭질하던 친구들
지금은 이리저리 흩어져 소식은 끊겼어도
친구들 깔깔대던 웃음소리 들리는 듯하고
꿈 많던 그 시절이 그립다

겨울 해운대 바닷가 일출

겨울 먼동이 틀 무렵
해를 맞이하려 차가운 바람 무릅쓰고
이른 아침 마중 나온 해운대 파도
하얀 포말들로 채워지는 둥근 호 바닷가

바다 위 구름 속으로 겨우 떠오르는
둥근 주황색 쟁반이 부끄러운 듯 빛을 살포
시 내뿜으니
어디선지 새들도 얼 듯한 추위 아랑곳 않고
이른 해 반기려 마중 나와
하늘에 그린 자유로이 그린 선 그림

떠오르는 태양
해파랑 길 따라 동백섬 돌고 돌아 동백꽃
굽이굽이 서서히
굽이쳐 비추니
생명을 얻은 듯 빨갛게 달아오른 동백꽃들

하늘 바다 온통 발갛게 달구어
언제 보더라도 우러러보며 기도하게 하는
시들어가는 어둔 마음에
빛을 주는 해오름

다대포 낙조

부산 서쪽 끝 다대포 바다
황금빛으로 물들기 시작하면
어디선가 숨어있던 철새들이
갈매기모양 이루며 석양 속으로 날아간다

돌아왔나 싶으면 다시 날아가
멍하니 보고 있으면
다시 날아와 바다 모래 속 모이를 찾다가
위로하듯 춤을 추며 날아간다

바다 속으로 들어 간 숨은 해를 쫓는다
나도 새를 따라 날아가 본다
못다 이룬 꿈을 따라 하염없이
나도 새 인 냥 훨훨 날아간다

거제도 몽돌해변

따그락 따그락 쏴아
따그락 따그락 쏴아
해변가 몽돌에 같은 곡조로
주기적으로 부딪히는 소리

파도에 셀 수 없게 하도 부딪혀
동글동글 동글맹이 돌

먼 길 오느라 고생했다고
동네사람 모두 모여 기다렸다는 듯
친구들이 다 모여 있다고 반기고
외로워 말라 환호성을 외치고
도란도란 정다운 소리 속삭이며
반가이 맞아주는

높은 파도 하얀 포말
넉넉한 품으로 지친 나그네
포근히 안아 준다

강천사

용이 승천한 강천산 맑고 깊은 물이 흐르는 계곡
돌고 돌아 손 내밀고 늘어선 아기 단풍나무들
따라가면 가도 가도 흐르는
햇빛에 반짝이는 윤슬들
오색 단풍 못지않게 반짝반짝

가는 길도 아기자기
비구니들만 살아 그런지
절도 오목조목

앞마당의 노랗게 물든 은행나무
고혹적으로 사람들을 끌어들이고
절을 지나 계곡 따라가면 절벽에서
마음 시원하게 떨어지는 널따란 구룡폭포

소매물도

남해바다가운데 떠있는 점 둘
썰물 땐 점 둘 이었다
밀물 땐 이어진 점 하나
통영에서 배로 한 시간
썰물 땐 몽돌 자갈길이
모세의 기적처럼
등대섬까지 길이 열린다

더운 여름
오느라 애썼다고 반겨주는 나리꽃들
옥빛 푸른 맑은 바다 같은 사람들의
아름다운 마음이 담겨있는 섬

두 개인 듯 하나로 떠있는 섬
오늘도 결코 외롭지 않다

미대륙 새벽을 열면서

이른 새벽 동틀 무렵
잘 뜨여지지 않는 눈으로
사륜구동에 올라 타 새벽 고속도로를 타면
일찍 일어난 만큼 맑은 새   공기
가르며 달리는 상쾌한 기분
가슴에 스미는 여명

끝없는 밀밭 옆길을 지나
햇빛에 반짝이는 몽실몽실한 목화솜이 핀
구름 위를 걷는 듯 드넓은 꽃길

일찍 일어난 만큼 상큼한 하루
광활한 대지 목장들을 지나고
한참동안 같은 농촌 풍경이 펼쳐지는
농업국 같은 미국

새벽부터 차를 타고 생각보다
많은 사람들이 잠도 덜 깬 채

어깨에 가족을 메고
일하러 움직이는 부지런한 사람들

키 큰 선인장들만 인사를 하고
키 작은 선인장들은 아직 자는 중 인지
땅에 엎드린 사막만 펼쳐진 텍사스 주

안동하회마을

낙동강 마을을 굽이치는 초가을
귀뚜리도 낮에는 더워 울지 않는 초가집
연보라 개미취꽃
수줍은 듯 미소를 띄우고
오래된 집들에 생명을 불어넣는 마을

지나가는 나그네들도 덩달아
첫사랑 순정으로 돌아간 듯
아무 걱정 없는 듯 해맑고 행복한 표정
마음은 청년시절로 돌아가
젊은 영혼 되어
청춘 누려본다.

백담사 가는 길

가을은 어느새 내려앉아
햇살에 반짝이는 오색찬란한 단풍
굽이굽이 산을 휘감아 도니

눈 닿는 구석구석
계곡 따라 흐르는 시냇물
작은 폭포와 단풍이 어우러진 오색 세상

휘황한 가을을 뽐내 그린
한 폭의 찬란한 동양화
세상시름 잊고 그림에 빠져든다

바다 한가운데

바다에 섰다
바람 불고 파도 억세게 바위 치는 날
바다 한가운데 섰다
아무도 도와줄 수 없는 곳에 있다

모든 바람이 내 곁을 다 지나가는 듯
호되고 매서운 바람만 지나갈 뿐
추워도 묵묵히 버티고 서서
지나가는 모든 것을 보았다

날아가고 날려가는 것들
한 순간에 바람에 날아 사라지는 것들
시끄러운 모든 것들은 멀리 날아가고
바람소리 파도소리만 들리누나

손에 쥔 모든 것은 한 순간
한순간에 바람 따라 가버리고
난 빈 손이 되어
눈만 날아가는 새를 쫓고 있다

여기서 어떻게 헤쳐 나가야 하나?

소라

바다 속 소라
평소엔 딱딱한 나선접시 문으로
꽁꽁 입을 닫고 산다

어쩌다 뭍사람들에 걸려
억지로 입이 열리고
속까지 깨끗이 비워내지면
그때서야
바다 속 소식을 조금씩 전해준다

귀에 바싹대고 들으면
여태까지 말 못한
바다 속 이야기, 메아리, 바람소리
신비의 태고 적 전설까지 들려주는 듯하다

뭍으로 나오지 않았으면 못 들려줬을 이야기
하마터면 사람들이 모르고 지나칠 뻔했던
끝없는 바다 이야기를...

부산 송도해수욕장

남포동 국제시장에서 좀 떨어진
믿어지지 않는 사람들 가까이 있는
모래사장이 해수욕장이 믿어지지 않는다
어찌 이리도
바다, 그것도 해수욕장이
사람들 가까이에 있는 모래사장

지난 어느 해 친구들이 내려와서
발아래 물고기도 보이는
바닥유리해상케이블카를 타고 갔었다
해변동쪽 끝 거북 섬까지 구불구불 연결된
구름산책로 스카이워크를 걸었다
바다 위를 둥둥 걷는 듯
발아래 모래 보이는 시퍼런 바다 위를 걸으며
신선이 된 양
우리는 모두 아이들이 되었다

구름 위를 걷는 기분으로
하루를 선물 받은 양
마냥 둥둥 웃으며
저 하늘의 구름은 우리들의 구름일 것이라
시름을 하늘에 날려 보냈다

차 안에서

달리면서 흔들리는 버스 안에서
머리도 마음도 속도 흔들흔들
생각도 흔들흔들
시끄럽고 도무지 정신이 없다

하지만 차창으로 들어오는
햇살이 눈을 트이게 하고

지나가는 풍경을 바라다보니
엉클리고 막혔던 생각들이
한 올씩 살살 풀려나온다

해운대

갈매기 조용히 펄럭이는
부산 사람들의 뜨거운 인심에
겨울에도 결코 얼지 않는 바다
해안 길 따라 서로 나란히 바라보고

이른 새벽에도 반가이
환하게 맞아주는 선녀들
해운대 바다를 지키는 인어상

수평선 위로 해가 눈 비비며
불그스름하게 세상 물들이기 시작하면
밤새 보초 서던 별들
하늘나라로 멀리 날아 가버려
갈매기 둥근 해를 에워싸며
호위무사 노릇한다

아버지품속 닮은 한려수도

내가 사는 나라 끝자락
남해바다 한려수도

밥상처럼 작은 섬들로 올망졸망
차려놓은 모습 선녹색 신비로운 바다

멸치잡이 배는 바다 골목골목마다
멸치 떼를 쫓아 분주하게 조업하고
섬 사이로 자유로이 넘나드는
크고 작은 배들

중국어선 불법조업 막느라 밤이 새도록
바다를 지키는 해안경비정

바다한철 멸치대목 잡느라
분주한 멸치잡이 배들
한가로이 세월을 낚는 낚시하는 사람들

미륵불이 도와줘서 만든 마을
아름다운 미조 항

봄에는 싱싱한 멸치회도 맛볼 수 있는
한려수도 천혜의 항구

바라만 봐도 넓어 속 시원하고
꿈속에서 본 아버지 품 같이 넉넉한
에메랄드빛 남해바다

제4부 삶

떨어진 동백꽃

제일 아끼시던 꽃송이 하루아침에
뚝 떨어져버려 새빨간 피눈물
남은 꽃송이들이 못보도록
가슴에 퍼런 멍이 들도록 꽁꽁 동여 묻고

남은 꽃들을 위해
죄인이라도 되신 양 할미꽃처럼
땅만 보시며 고군분투하시며 사시던 어머니

하늘이 무너져 내린 다사다난하던 일들
웃음기 빼앗아 갔고
어쩌다 기쁨에
간간이 잊으시던 슬픔

남은 꽃들 때문에
그림자처럼 조용히 맴맴 주변을
빙빙 돌아 다니는 뚝 떨어져버린 동백꽃

눈에 밟혀
보고 싶고 만지고 싶은 마음
손에 영영 잡히지 않던 그리운 허상
가슴속 한구석엔 언제나 검은 그림자 하나

마음을 접고
남은 가족들을 위해서
묵묵히 일만 하던 어머니
이제는 그리운 동백꽃 만났을까?

흔적

물이 들어오고 나가는 갯골
시간이 흐름에 따라
가슴 설레는 여명에
물이 서서히 갯골 골짜기 따라 들어오고
수면 위까지 물이 다 찼나 싶으면
불타는 황혼에 아쉬움을 남기고
서서히 빠져나가기를 반복

갯골의 물은 세월 따라
달도 차면 기울고
고무풍선 바람도 차면 서서히 빠져나가 듯
새벽 여명에 물이 들어오고
저녁 황혼에 물이 거짓말처럼
한자리에서 가만히 사라진다

켜켜이 쌓여가는 시간의 흔적들
가슴 한편으로는 놀라움에 벅차고
한편으로는 두려움에 두근거린다

아무리 조용히 사라지려해도
결코 흔적이 없지 않는
무위의 삶은 없다고 말하려는 것처럼
갯골은 물이 들고 나다닌 흔적을 고스란히
간직하고 있다.

그 남자

거리에
서쪽하늘부터 황혼이 내리기 시작하면
웬일 인지 눈물이 나는 이유는 누가 알까
알아도 모른 척 돌아 눕고 싶은 걸까

이 염천 더위에
돌아서서 들썩이는 그 남자의 어깨는
사람들의 찬바람 때문일까
차가운 거리두기 때문일까
한 맺혀 오뉴월 서리가 속에 얼음이 얼어서 일까
세상에 카멜레온 같이 상황 따라 변하는 사람들에
기가 막혀 말문이 막혀서 일까

산산이 부서져 내리는 일몰 빛에
집으로 돌아갈 길을 잃고
흐느적거리며
헤어날 길을 사방팔방 찾아 헤맨다

비상 (飛上)

현재 자리에서 벌떡 일어나
하늘 높이 날아보자

저 아름다운 오로라가
처음에는 땅바닥부터 시작하여
천천히 날아올라 하늘 끝까지 닿듯이

세상의 끝에 무엇이 있는지
날개가 뻗을 수 있는 만큼 활짝 펼쳐서
독수리같이 훨훨 날아보자

답답한 지금 위치에서 툭툭 털고 일어나
미련 없이 풀쩍 뛰어 하늘에 닿아서
세상을 다 내려다 볼 수 있어
더 클 수 있게
아름다운 세상의 끝을 볼 수 있게
시원하게 하늘 끝까지 훌훌 날아보자

* 비상 (飛上) : 날아오름.

어느 화가의 일생

꿈을 펼치려 그림만 그리다
싸리 꽃 같은 가난을 무릅쓰며
이일 저일 하다 무명으로 나이 들어
가정이 생기면 호구지책으로
다른 잡일들을 하다 손의 감각이 떨어져
점점 다른 길로 빠져든다

피카소같이 미술에 푹 빠져
평생 그림만 그리면서 살아보지도 못하고
이 고생 저고생만 하다
이런 저런 명화 만들기 꿈만 꾸다

뒷골목에서 들판에서 꿈만 나비되어
평생 그려온 그림 속에 펄럭인다

시절 연인

매화 휘날려 벚꽃들 다 지나가고
벌, 나비 울어대는
산골 마당에
밭에 오이꽃 한마당 솟아올랐다
나비가 너울너울 날아와서 입 맞추더니
며칠 지나 소낙비 불고 바람이 벌을 물고 와
꽃대롱 속으로 몇날 며칠 부지런히 들락거리며 노닐고
비바람 불어 천둥 번개도 지나
잠자리가 날아와 살포시 날개 들고 앉는다

노란 호박꽃 닮은 작은 오이꽃
한여름 무더위에 시원한 오이
처음엔 벌 나비 많이 웅웅댔지만
지금 잠자리만 윙윙 댄다
모든 과일 다 떠나도 오이 노각 될 때까지
떠나지 않고 꽃밭을 지킨다

손

그 곱던 손이
마디가 어느샌가 울퉁불퉁 불거져 나와
시퍼러죽죽 옹이 마디진 손

아침이라고 뻣뻣해져 신호를 보낸다는 손
얼마나 미련 없이 부지런을 떨었으면
움직일 때 마다 세월을 읊는다는 손

말을 할수록 손만큼이나
생각에도 옹이 져
세월만큼이나
체면에 말 못할 말들이 수두룩해져

굵게 마디진 손만 바라보며
쓴 커피만 홀짝홀짝
지나가는 바람에 모래 들어와
눈물만 닦는다

동물원의 기린

황갈색 바탕의 흰색 그물눈 모양의 줄무늬
꽃, 열매를 찾아 먹으며

멀리 떠나온 아프리카 고향을 그리는 듯한 큰 눈망울
그럴수록 공허해지는 슬픈 눈망울

눈을 감으면 천사가 미소 짓는 듯한 표정
때 묻지 않은 천상계에서나 볼 수 있는
순수한 아기 같은 얼굴

나같이
고향을 그리며 울음을 삼킨다

가버린 사람들

노랑 주황 빨강으로 제철 돼서
단풍 곱게 들어 떨어지는 낙엽은

아름다운 여운을 남기지만
새파란 잎일 때
짓밟히고 뭉개져 일그러진 파란 잎들은
안타깝기 그지없고
괜히 죄지은 것 같고, 안절부절 좌불안석에
멍하니 하늘만

구름은 무심히도 흘러서
같은 자리로 돌아오지 못하고
뭉개진 잎들은 돌아올 수 없는 강을 건너서
은하수를 건너 하늘의 별

사막

아무도 없다
바람과 모래와
사구 위 낙타 발자국만 있을 뿐
불러도 외쳐도
메아리도 없다
무서울 만큼 정적만 있을 뿐…

바람 소리만 나는 적막은
세상 시끄러워 두고 온 세계를
차라리 그립게 한다

밤에는 다행히
손에 닿을 것 같은 별들이 총총 내려와
친구 되어
너무 적막한 고요의 두려움 잊게 하여
별들과 이야기 한다

낮이 되면 또 보이지 않는 오아시스를 찾아
사막 구석구석 헤맨다

서품식

대강당 바닥에
예비신부님들이 엎드려
하느님과 결혼식 하는 날

사람도 아닌 하나님과의 결혼
보이지 않는 신과의 결혼

하나님과의 사랑
만인을 위한 사랑
외로운 해바라기 사랑
쉬 바꿀 수 없는 사랑
인간적인 욕심을 버려야하는 사랑
하나님의 대리자로 살아야하는 사람
나를 버려야하는 사람

아름다운 신부님들의 뜻을 높이 사
꺾이지 않기를
축복 아닌 기도
간절히 드린다

나무

바람이 놀다가는 나무
묵묵히 한 자리에 가만히 서서

이 바람 저 바람, 태풍
눈보라 맞으며 실어다주는
바람은 단말, 쓴말, 할퀴는 말, 싫은 말
많이 가져다주어

속으로 나이테에 새기다 못해
마음의 상처 옹이 지어

많은 바람이 놀아 가며 쉬어갈 수 있는
굵은 나무가 되고 싶다

사부곡

이맘때 아버지는 소천 하셨지
하늘도 푸르고 맑은 날
개나리도 활짝 폈던 날
하염없이 울고 있을 때
개나리가 하염없이 웃어주었지

아버지는 잠도 별로 못 주무시고
주변 사람들을 위해 마냥 퍼주시고
일자리도 주셨지
새벽부터 일어나서 밤늦도록 일만 하셨지

걱정 없고 아프지 않는 좋은 데 계신다고
너무 슬퍼말라고
개나리꽃 마냥 활짝 미소 짓는 것 같다

현충일을 맞아

날씨도 춥지도 덥지도 않은 이즈음
가족들의 안녕을 생각하지 않고
나라를 위해 목숨 내놓고
적들과 대항하신 선열들이
없었으면 지금의 나는 없을 것

해변시인학교

아무 연고도 없이
오로지 시 하나로만 뭉쳤네

비록 장마철이지만
시에 대한 열정으로 먼 길 마다않고
서초휴양소에 시에 대한 열망으로 뭉쳤네
아무 욕심 없이 만났네

일 년 만에 만나는 사람들
생전 처음 만나는 사람들
아무 욕심 없이 반갑게 맞이하니
진심으로 반갑네

열 일 있었을 텐데도 먼 길 마다않고 와서
안쓰러워 더욱 더 반갑고
아무 사심 없이 시를 좋아하듯
같은 걸 좋아한다는 점에
마음의 벽 그냥 허물고

쑥스러움 머금고 마음껏 장기자랑 하네
불타는 시인들의 반짝이는 밤
영원하리

추억 만들기

어둔 밤 달빛아래 어린이 놀이터 모래밭에서
가족 세 명이 폭죽을 터뜨리고 있다
남자는 딸을 흘깃거리며 폭죽을 터뜨리며
환호하는 딸을 지긋이 바라본다

어릴 적 여름 방학 때
늘 바쁘셨던 아버지를 따라 오랜만에
짙푸르고 하얀 모래밭이 있는
일광해수욕장에 가족들이랑 갔었다

친척들과 같이 일하셨던 분들의 환대와 배려
덕분에 까만 고무튜브를 몸에 두르고 파도를 타며
하루를 가슴 벅차게 보낸 기억
몇 십 년이 흐른 지금도 생생
지금은 볼 수도 없지만
아직도 따스한 아버지의 손길

그때의 고운님들 더러는 가고 안 계셔도
그 훈훈했던 체취들은
소용돌이처럼 가슴에 여운이 돈다

순국소방관

젊은 소방관 두 사람 타인 두사람을 구하려다
불 속으로 지체없이 뛰어들어
화마에 잡혀 영영
세상과 영영

나라를 구한 이보다
어느 영웅보다
자기 목숨보다 사람들을 더 아끼는
순수한 마음 활활 타올라
산화되어 불꽃으로 피어나

이승에 못 다한 말
겨울 동백꽃으로 피어나
얼어붙은 세상
빨갛게 물들인다

제5부 우주

옴바위

푸른 고성 바닷가 한 켠
홀로 읍소하고 있는 듯 한 옴바위

해가 뜨나 달이 뜨나
별이 뜨나 은하수가 뜨나
중천에 달이 떠서 바다에 풍당 빠지도록
파도를 감내하며 읍소하고 있다가

폭풍우가 몰아쳐서 그만하라고
바위를 못살게 때리고
파도가 몰아치는 바위를 몇 천 년을 때려도
자세 바꾸지 않고 있다가

어느 날 거친 파도에 쓰러져
모든 걸 포기하고
차라리 편안하게 누워있는 바위

하늘에 그린 그림

어버이날이라
두근거리며 사 놓은 선물
친정집에 갈 생각을 하니
벌써 귀천하셨다
선물이 갈 곳을 잃었다
갑자기 손이 공허해지고 부끄러워진다

어려움에 아무리 처했어도 늘 의연하셨던 어머니
남들은 호랑이라 무서워 말도 못 붙였지만

학교 갔다 오면 상이한 성적표에 연연하지 마라시며
늘 맛있는 거 챙겨주시던 어머니

방학숙제로 서예 못해 끙끙거릴 때
엄마가 보다 못해 대신 써주셨던 날

엄마의 속눈물을 본의 아니게
너무 많이 뽑았을 순탄치 않은 삶

잡으려 잡으려 해도 잡히지 않는 어머니 얼굴
먼 하늘에 구름으로 그려본다

저 구름

한 여름 강물에서 뭉실뭉실 피어올라
승천하는 저 구름
잠시 쉬어 갈 때는 하늘 여백에
멋진 그림을 그린다

용도 그리고 양도 그리고
어떤 때는 강아지도 그린다

파란 하늘에 둥둥 떠다니며
흩어져다 모였다하는 저 구름
바람 따라 흘러가고
바람 따라 밀려오기도 한다

흘러가는 저 구름이 여백에 그린
예쁜 그림
내가 고이 간직하고 싶지만

밀려왔다가 밀려가는 덧없는
인생 같아서
멋진 순간을 영원히 잡을 수 없으니
너무나 아쉽다

은빛세상

눈이
내려앉아
하얀 나무가 됐다

햇빛을 받아
온 세상 은빛으로 빛나
설국에 온 것 같아

잠시나마 때 묻지 않고
아무 걱정 없이
순수하고 거룩한
맑은 영혼으로 돌아가

단풍이 채 지기도 전에 내린 눈
하얀 눈 덮인 붉은 단풍
아이 같은 마음으로
손 내밀게 한다

안개의 삶

안개 많이 낀 날
길을 달리는데 안개에 둘러싸여
양옆은 하나도 보이지 않고
앞만 희미하게 보인다
앞차의 깜빡이만 보고 간다
아무 생각도 못 하고
이 안개 터널만 빠져나갈 생각만 난다

늘 다니던 길도 낯선 길 같고
생경*(生硬)하다
안개가 벽을 만들었다
보이지 않는 벽을 만들었다
사방 구분을 못 한다

이 세상사는 게 오리무중
안개 속을 헤매는 것 같다
깜빡이만 보고 가는 것 같이…

* 생경(生硬)하다: 익숙지 않아 어색하다.

은하수

둥근 다리 모양 은하수
까만 하늘
선명히 드러나네

선녀 하현달 배 타고
별나라 여행하러
은하수 다리 건너가네

이승의 짐
괴로움 모두 벗어버리고
보랏빛 은하수 쪽으로
서서히 날아가네

은하수가 어서 오라고
갈수록 환하게 불 밝히네

논바닥 거울

여리여리 어린 연두빛 모
농부의 희망을 심는다
장마와 폭풍과 무더위에도
잘 이겨내기를 바라는 간절한 마음으로
농부의 일 년의 미래를 심는다

여린 모는 처음엔 힘없이 하늘하늘
하늘만 바라보다
하늘을 논바닥에 담고 주변 풍경을 담고
바람이 부는 대로 팔랑이다
비와 햇빛을 먹고 자라
폭풍우에 이리저리로 휩쓸리기도 하지만
결코 꺾이지 않는 모

가을이 되면 이런저런 날씨를 품고
더 이상 거울 같은 주변 풍경은 담지 않고
논바닥은 빼곡히 약간은 쓰러진 누런 벼로 채워
농부의 일 년의 띰과 기후만 담고 있다

노을

한낮의 이글거리는 태양이
집으로 돌아가기 못내 아쉬워
남은 열정 하늘 붉게 타오른다

옛일 떠오르면 그리운 마음
달아올라 하늘에 얼굴 붉힌다

청춘에 못다 한 마음
하늘의 황혼 빛으로 잔영을 그리다
그린 그림 산으로 붙인다

지난 추억에 자꾸 기우는 마음
불타는 노을에 편지 부친다

* 잔영 (殘影) :【명사】① 희미하게 남은 그림자나 모습.
　　　　　　…… 어젯밤 꿈의 ~이 사라지지 않는다.
　　　　　　② 가시지 않은 지난날의 모습.

붉은 보름달

단풍도 곱게 들지 않는
이상한 가을날에
어쩌자고 저 동그란 달은
붉게 타올라

어쩌자고 저 달은
사람들의 마음을 붉게 차지하려는지
며칠을 계속 붉게만 비춰...

보는 사람을
불안하게 해

천둥과 번개

마른 하늘에
호랑이 우는소리
무슨 원한 있어 그렇게 울부짖나
눈물도 쫙쫙 흘리고
지구에 번쩍번쩍 섬광 빛을 쏘고
으르렁 거린다

전쟁하듯 밤이 새도록
사람들 무서워 잠잠히 될 때까지
숨죽이며 기다린다

태고 적부터 시작해서 아직도 끝나지 않는
전쟁
지구에서 하루도 싸움하지 않는 날이 없는
전쟁
오늘도 지구 어디에선 가에서는
매일 천둥 소리를 내고 번개를 번쩍인다
당하는 것은 선량한 백성들 뿐

하루도 조용할 날 없는 자식들
하늘도 노해
따끔히 벌 주려
우르르쿵쾅 번쩍
천둥소리를 내고 섬광을 쪼인다

무지개

어려서는 일곱색 찬란한 무지개를
찾아 헤맨 날도 많았고
아무 생각없이 살다가 우연히
무지개를 기적적으로 만나는 날도 있다

한여름 소나기 후
신기루같이 하늘에 영롱한 반달다리 나타나

하늘에 계신 님 찾아 건너려
보고 있으면

보일 듯 말 듯
다시 쌍으로 떠오르는 오작교

손 닿을 듯 말 듯
나를 애태우는 무지개
다리를 건너려면 어느 샌가 사라지는
신기루 같은 무지개

바람

처음엔 산들산들
시원한 바람이었지만
점점 나뭇가짓들을 흔들며 부러뜨리고
나무뿌리째 뽑고
산을 뒤흔들고
바다를 뒤엎는 바람

집과 동네
사람들 마음의 분노의 바다로
휩쓸고 가는 폭풍
같은 태풍이 되어
점점 북쪽으로 몰아간다

산그리메

무언가 갈증이 나는 날
새벽에 산 정상에 올라

기도하는 마음으로
경건히 아침 일출을 기다리며

뜨는 해
솜사탕 같은 이불로 푹신이 내려앉은 운해
겹겹이 쌓인 산 능선들 투명하게 비추면

능선들이 다가올 듯 말 듯
그리운 얼굴들 보일 듯 말 듯
목마름 절로 불러일으킨다

지상으로 가는 길

지상으로 가는 길은
차창으로 들어오는 사시사철
지나가는 온갖 풍경

눈이 오거나 비가 오거나
꽃이 피거나 바람에 떨어지거나
단풍이 들거나 바람에 휘날리든지
날로 변하는 자연
휘둥그레 하게 올라가는 건물
조물주와 인간이 더불어 그려내는 그림

눈 깜빡할 새
주마간산으로 들어오는 다른 풍경
절로 눈이 팽팽
시골사람 처음 서울 구경하듯
오랜만에 세상 밖으로 나오는 듯

별세상 황홀경에 빠져 눈 호강
하나라도 놓칠세라
고개를 이리저리
눈만 왕방울같이 동글동글

파란 잎

길가에 떨어져 뒹구는 낙엽은
여운이라도 아름답게 남기지만
한창 자랄 때 나무에서 떨어진 새파란 잎

곱게 물들이려던 꿈은 산산이 깨지고
짓밟히고 일그러진 모습에
가슴이 천근만근

길가에 떨어져 뭉개진 파란 잎
안절부절 멍하니
하늘만 바라다본다

새파란 뭉개진 잎
돌아올 수 없는 강을 건너
그렇게도 그리던 별이 되었을까?

안개

모심기 한 후로
세월은 오뉴월 잡초 키만큼 흘러
어린모들은 훌쩍 커
초록융단을 깔아놓은 듯
벌써 논들을 빽빽이 메우고
바람에 부드러운 물결같이
소리 없이 바람이 부는 대로
천천히 느린 파도처럼 일렁인다
아무 생각 없이 바람이 부는 대로
아무런 저항 없이 시키는 대로
이리저리 왔다갔다 일렁 거린다
부슬비 오는 날 석양 무렵엔
서글픔이 왠지 안개처럼 서멀서멀
하늘을 메우도록 피어올라온다

나의 태생

음~, 나는 바다에서 왔어

바다로 간다고 생각만 해도 마음이 편안해진다
신선한 바람이 몰고 오는 바다 내음
나를 숨통 트이게 한다
도시의 찌들린 먼지를 씻어주는 것 같다
난 원래 바닷가 태생이거던
물 만난 고기같이 맘대로 놀 수 있다

달리자 달려라
바다가 보이는 곳으로
도시는 숨이 막힐 것 같다
얼른 가자 고향으로

숨을 편히 쉴 수 있는 곳으로...
바람이 사통 불어 가슴이 시원한 곳
파도가 외롭지 않게 사시사철 노래하는 곳

반딧불이

습하고 무더운 날
짙은 어둠이 깔린 깜깜한 밤

반딧불이
너무도 가슴이 답답하여
짙푸른 밤을 밝히기 위해
떠다니는 초록 불하나 허공에 띄우다
그 뒤를 이어 하나 둘씩 짝지어
꼬리를 물고 날라 다니다

자기 몸 타는 줄 모르고 스스로 몸에서 불을 밝혀
연두 빛을 내며 밤하늘을 비행 한다

짧은 여정이나마 동행할 짝을 찾느라
밤늦게까지 허공에
꼬리에서 빛을 일으키며 푸른 날개 짓만 하다
지쳐서 그냥 집으로 돌아가는 빈 손

보름달

올해는 유독히 반짝이는 황금빛으로
무슨 좋은 일이 있는 지 중천에 떠서
환하게 웃고 있는 저 보름달은

옥토끼 엄마의 안부를 알아왔나
소식 끊어진 친구의 소식을 물어왔나
누군가의 좋은 소식을 전하려나
매화의 개화소식을 가져왔나

오늘따라 유달리 밝게 웃고 있는
저 큰달은 달 크기만큼
오랫동안 잠잠하던 내 가슴에
설레임으로 지핀다.

손

그 곱던 손이
마디가 어느 샌가 울퉁불퉁 불거져 나와
시퍼러죽죽 옹이 마디 진 손

아침이라고 뻣뻣해져 신호를 보낸다는 손
얼마나 미련 없이 부지런을 떨었으면
움직일 때 마다 세월을 읊는다는 손

말을 할수록 손만큼이나
생각에도 옹이 져
세월만큼이나
체면에 말 못할 말들이 수두룩해져
굵게 마디진 손만 바라보며
쓴 커피만 홀짝홀짝
지나가는 바람에 모래 들어와
눈물만 닦는다.

쓸쓸한 몸짓들

알아달라고 하지는 않지만
상대를 비방하고 비워하는 건
자기존재를 알리기 위한 또 다른 언어

그래도 상대가 어떻게 사는 가 궁금한 건
또 다른 경쟁심
만사를 비교하고 등수를 매기는 버릇
또 다른 열등감
하마터면 남에게 질세라
경계하는 허튼 몸짓
알고보면 모두 쓸쓸한 몸짓

어느 할머니의 봄날

몸이 아파 비몽사몽 중

옛날 젊었던 시절
남편과 친구내외와 양쪽 자식들 데리고
초읍어린이대공원에 즐겁게
놀러 다니시던 시절
생각나 아픔도 잊게 하는 밤

자식들을 같은 명문대까지 보낸
세상사람 좋은 찬구내외분 덕분에
희 노 애 락을 동행할 수 있어
삶의 시름을 더러 잊으며

지금은 만날 수 없어도
가끔 꿈속에선 만나

만나면 늘 자식 키우며 고생만 했던 얘기로
항상 딱딱했던 할머니

남편, 자식들, 친구가족들과
유원지에 놀러 다니시던 추억여행으로

황혼의 고통을 잊게 하는 밤

화

스쳐가는 바람도 화가 나면
지나가는 자리를 태풍으로 싹 날리고

물도 평소엔 물에 물탄 듯이
밍밍하게 존재감 없이 살다가
화가 나면 홍수처럼 싹 할퀴고 지나간다

하늘엔 새털구름 층층구름 뭉게구름
날씨 따라 온갖 모양을 부리다가
화가 나면 천둥 번개를 선사 한다

사람도 평소에 양 은 사람이
화가 나면 활화산 같다

구름은 황혼에 붉어지기 시작하면
거의 비슷한 모양으로 흩어져 하늘을 붉힌다
사람도 그런 것 같다.

박동규 시평

―

사물을 보는 따뜻한 마음과
사실성의 효용

사물을 보는 따뜻한 마음과
사실성의 효용

박동규 (서울대 명예교수, 문학평론가)

    황보혜 시인은 참 열정적인 할동가이다. 심상에서 신인상을 2023년에 수상한 이후 끊임없이 시 창작에 몰두해 왔다. 그는 처음 사진작가로 출발해서 수많은 곳을 찾아다니며 사진 작품을 제작하였고 그 후 다시 시 창작에 몰두하여 사진이 가지는 사실성을 벗어난 상상의 세계를 언어로 그려보려고 노력하고 있다. 특히 그가 사는 평택에서 거의 하루도 빠짐없이 시 창작 교실에 다니면서 문학 활동을 하고 있다. 소탈한 성품에 시우들과 어울려 지내는 기회를 더 많이 가지고 모나지 않는 너그러운 인품으로 주변인들과도 원만하게 지내는 것으로 알려져 있다. 이런 그의 성품 탓인지 그가 꿈꾸는 시의 세계가 특히 꽃에 대한 관심을 보여준다. 또한 그는 여행을 좋아하는 탓인지 기행의 기록을 담은 시편들을 많이 보여주고 있고 이는 그가 꽃이 지니는 의미적 층계를 사실적으로 해독하기 때문이라고보여진다. 그리고 또 다른 성향은 자연과 인간의 교섭이라는 그만의 창작 정신으로 접근하고 있으며 또 한편으로 그의 생활에서 얻은 영감을 그린 시편들이 많이 보이고 있다. 그의 시적 경향은 다양하다. 이제 그의 첫 시집을 축하하며 그의 또 다른 변신을 향한 계기를 마련하는데 도움이 될 수 있을까 하는 기대를 가지고 그의 시편들을 살펴보기로 한다.

1. 꽃의 형상과 시인의 시각

　황보혜 시인은 꽃이 지닌 보랏빛 색상에 주목하고 있다.
　이 보랏빛이 주는 오묘한 색감에서 연유된 상상은 밤하늘 별로 확산 되고 이 별은 다시 화전에 박힌 보랏빛이 하늘로 확산 되고 있다. 시인에게는 도라지꽃의 보랏빛이 마치 밤하늘에 떠 있는 별들이 지상으로 내려와 있는 듯한 환상을 가지고 있다. 시인은 지상과 하늘을 잇는 다리를 보랏빛으로 연결하고 싶어 하는 욕망이 엿보인다. 그에게 있어서 꽃은 그를 알 수 없는 세계로 이어지게 하는 색깔인 동시에 '별이 된 듯'한 현상을 꿈꾸게 하는 것이 되기도 한다.
　어찌 보면 소녀적 애상의 마음이 도라지꽃에 입혀져 있다고 할 수 있다. 그러면서도 그의 사실적 묘사의 기술은 상상의 층계를 착실하게 준비해 주고 있기도 한다. 다음의 시를 보자.

　　초가을 문경 월방산 산자락 아래
　　봉천사 주변은 사방 온통 연보라
　　개미취 꽃밭 연보라 꿈을 맘껏 품었다
　　대웅전 앞마당 너럭바위 사이로
　　백 년 된 한 쌍의 부부 송 사이좋게
　　앞마을에 떠오르는 해를 매일 보고 있다
　　나비와 벌들도 꽃향기 맡고
　　스님의 소망을 담아
　　여기저기 반가운 소식 전한다
　　너도나도 모두 꽃이 된 냥 주인공 되어
　　꽃밭 주변 아무데나 서도 걸작 사진
　　해맑고 자신감 넘치는 미소
　　모든 시름 잊고 연보라 순정을 남긴다.

　　　　　　　　　　　　　　　－'개미취꽃'전문－

시인은 문경 월방산 봉천사 주변에 피어난 개미취꽃의 보라색을 주목하고 있다. 이 시의 배경이 되는 봉천사 대웅전 앞 너럭바위는 이 개미취꽃으로 뒤덮여있다. 그리고 그곳의 꽃 색깔은 보라색이다. 시인이 유독 보라색에 관심을 집중하고 있는 것은 보라색이 품고 있는 색채의 신비함에 근원한 것이라고 보인다. 보라색의 일반적 의미는 사랑이라고 할 것이다. 오래된 일이지만 프랑스 프로방스 지역을 여행할 때였다. 라벤더꽃이 들판을 덮고 있었다. 이때 한 농촌 가옥에 들러 가게 되었다. 그 집 여주인은 중년쯤 되어 보이는데 라벤더꽃에서 추출한 향을 담은 화장품류와 비누 등을 진열해 놓고 있었다. 이 금발의 여주인은 라벤더 향의 특징을 '고귀함', '순수한 사랑'이라고 설명했다.

그러면서 '그렇게 느껴지시지 않느냐'고 자주 반문했다.

나는 '상큼함', '신선함'으로 느껴지는데 이 주인 여인의 설명을 듣는 동안 보라색 꽃의 향기가 고귀함이나 순수한 사랑의 느낌을 주는 것인가 하고 생각했다. 나의 이 경험처럼 시인이 절간에 가득한 꽃에서 연보라 순정을 느끼고 있는 것도 그 만의 감각이 아닌가 한다. 그리고 이 연보라꽃의 향기도 그 절에서 기거하는 스님으로서는 중생들에게 소망을 전달하는 아름다운 색이 되고 반가운 소식을 전하는 향기가 된다. 황 시인의 특징인 현장성에 있다. 그는 꽃이라는 사물을 그만의 사실적 전달체로 보고 그 감각을 시에 원용하고 있는 것이다. 이러한 면은 황 시인의 시에서 볼 수 있는 특이한 시적 기법을 알 수 있다. 다음의 시를 보자.

5월에 교정에 피었던 라일락꽃
이십대 시험에 찌들린 청춘 때
호사스런 향기 나는 보라색 낭만
눈을 감고 보라꽃 내음을 음미하며

황홀해 했던 친구들
시간에 쪼들려 사는 청춘들에
아름다운 미래를 꿈꾸게 하는
차라리 한줄기 빛
보라향기를 맡으며 전문직업인이 되어
우아하게 살 수 있을 거란 꿈을 꾸며
애벌레의 어려움을 견디면서
아름다운 나비가 되어
보라색 꿈을 펼치고 싶었다.

- '라일락꽃'전문 -

    이 시는 대학 시절 교정에 피어있었던 라일락꽃을 소재로 하고 있다. 그가 학업에 열중하며 시험에 매달려 감성적으로 황폐해져 있을 때 교정에 피어있던 라일락꽃의 향기는 젊음의 낭만이 살아나게 하는 것이었다고 고백하고 있다. 이 낭만은 애벌레가 어려움을 견디며 아름다운 나비가 되는 '보라색 꿈'의 토양이었다고 할 것이다. 특히 이 시에서 주목할 점은 시인의 젊은 날 꿈이 솔직하게 드러나 있고 이 꿈을 보라색 꿈이라고 불렀다고 한다. 시에서 흔히 꿈이라는 어휘는 내면에 품고 있던 미래적 자아의 형상을 그려내는 것이라고 할 수 있다. 그가 라일락 꽃향기에 묻혀 지낼 수 있었던 시기인 대학 시절은 애벌레가 나비로 변하는 기간이었을 것 임에 틀림없다. 그러기 위해서 변신에 온 정성을 다 바치던 시절 라일락 향기가 준 낭만적 환상은 바로 그의 시적 상상의 원천이었을 것이다. 아름다운 미래를 향한 꿈의 저편은 비록 그가 처한 오늘의 시간이 아닌 미래적 상상의 세계였지만 그가 현재의 생활에서 돌아보는 과거적 시간이 시인을 향기에 집중하게 한 것이 아닌가 생각한다. 다음의 시를 보자.

여름이 무르익어
더위에 지쳐갈 때 쯤
폭풍우도 이겨내고 기와집 담장 위로
살포시 피어나는 주황색 연정
양반집에만 심을 수 있었다는 능소화
삶에 지칠 때 쯤
눈에 띄는 주황빛
담장 아래로 주렁주렁 열릴 때
순결한 사모의 기운 받아
나머지 반년 살아가야지
* 사모 (思慕) : 애틋하게 생각하며 그리워함.

- '능소화' 전문 -

이 시는 여름에 피어난 능소화를 소재로 하고 있다. 시인은 소재로 선택하는 꽃이 자신의 처지에 따라 색깔을 달리하고 의미를 삶의 내용에 따라 조립해 가는 방식을 보여준다 바로 그런 점에서 능소화의 선택은 그의 집약적인 자아의 또 다른 형상을 선택의 대상으로 한 것이라 보여진다. 그가 본 능소화는 여름 폭풍우를 이겨내고 기와집 담장 위로 피어나 있다. 그리고 꽃이 지닌 전래적 설화처럼 양반집에만 피어날 수 있다는 능소화의 사연은 시인의 특별한 의미 부여라기 보다는 귀하게 보이는 꽃이라는 뜻이 된다고 하겠다. 시인은 이 꽃에 '삶이 지칠 때'라는 단서를 달았다. 이는 그가 능소화를 새롭게 발견한 순간을 드러내 보여주기 위해서다. 그가 삶에 지칠 때 담장 아래 주렁주렁 열려있는 꽃을 본다고 한다. 그 순간 순결한 사모의 아름다운 형상으로 화하여 그 사람의 지표였던 원형을 발견하게 하고 그가 남은 여생을 순결한 사모의 마음으로 풍성하게 살아가야 한다고 다

짐을 하고 있는 것이다. 그가 능소화의 아름다운 형상을 닮아가고 싶어 한다는 것이 바로 서정시의 본질과 맥이 담아 있어서 시인의 마음을 엿 볼 수 있게 한다.

2. 자연과 삶의 조화로운 결합과 생명의 가치에 대한 현실적 시각

 시인은 자연과 밀접한 상관을 가진 사람을 바라보는 시편들을 많이 보여주고 있다. 이는 그가 자연의 본질을 그대로 이해하려는 의지이기도 하지만 그가 카메라를 들고 전국 방방곡곡 사진 촬영을 하러 수 없이 다닌 적이 있다는 점을 고려해 볼 수 있다. 그는 그의 피사체 속에 든 사물을 그의 시야 안에서 그와 친밀하게 살아가는 삶의 한 형태로 해독한 것이 아닌가 생각된다. 다음의 시를 보자.

무언가 갈증이 나는 날
새벽에 산 정상에 올라
기도하는 마음으로
경건히 아침 일출을 기다리며
뜨는 해
솜사탕 같은 이불로 푹신이 내려앉은 운해
겹겹이 쌓인 산 능선들 투명하게 비추면
능선들이 다가올 듯 말 듯
그리운 얼굴들 보일 듯 말 듯
목마름 절로 불러일으킨다.

- '산그리메' 전문 -

그의 탐사에서 '산그리메'를 만난 것은 행운이었을지 모른다. 이 산그리메는 아침 햇빛이 쏟아지는 속에 산이 중첩되어 아스라이 펼쳐지는 모습을 가리킨다. 사전 풀이에는 마치 수묵화의 의미를 나타내 보이기도 한다. 따라서 산그리메는 산의 능선이 오묘하게 겹쳐 있으면서 선과 그 선의 농담(濃淡)이 신비롭게 드러나고 때로는 구름이나 안개등이 능선과 어울려져 환상적인 풍경을 만들어 내기도 하는 것이다. 시인이 마주한 산그리메는 그리움에 목말라하는 안타까움을 담고 있다 '솜사탕 같은 이불로 내려앉은 운해'와 능선들의 결합은 능선 너머로 그리운 얼굴이 다가올 듯한 환상이 느껴지고 기도하는 마음을 일출에 안기는 것이다. 황 시인은 무언가 알 수 없는 삶의 미래에 대한 전망의 갈증 같은 것을 가지고 기도하는 마음으로 해 뜨는 시간을 기다리고 있다. 갈증의 실체는 먼저 인간에 대한 그리움이다. 능선이 겹쳐지는 그 너머에서 다가올 듯한 그리운 얼굴을 떠올리며 목말라하는 것이다. 시인이 그린 산그리메의 의미는 그리움이 펼쳐진 새벽의 능선들이다. 다음의 시를 다음 시를 보자.

    황갈색 바탕의 흰색 그물눈 모양의 줄무늬
    꽃, 열매를 찾아 먹으며
    멀리 떠나온 아프리카 고향을 그리는 듯한 큰 눈망울
    그럴수록 공허해지는 슬픈 눈망울
    눈을 감으면 천사가 미소 짓는 듯한 표정
    때 묻지 않은 천상계에서나 볼 수 있는
    순수한 아기 같은 얼굴
    나같이 고향을 그리며 울음을 삼킨다.

                                    - '동물원의 기린'전문 -

황 시인은 자연과 인간간의 관계를 심정적 연결점을 찾아 접합시키려 하는 경향을 다양하게 보여준다. 이는 서정시의 한 정형이 되는 자아를 자연에 동화하는 방식이 된다. 그의 '동물원 기린'은 그가 마음에 간직한 고향에 대한 그리움으로부터 출발하고 있다. 이 시의 중심어는 기린이다. 아프리카에서 먼 한국 땅 동물원에 들어온 기린은 큰 눈망울을 가지고 있어서 슬프게 보인다. 그러면서도 이 기린은 눈을 감으면 순수한 아기의 얼굴 모양이 된다. 이러한 관점이 시인이 주목한 점이다. 시인은 이 기린이 지닌 순수함이 천상계의 한 형상으로 확대되어 현실을 잊은 듯한 모습으로 각인된다. 이 시에서 기린에 관한 세밀한 서술의 방식을 보면 마치 묘사적 서사인양 보이지만 서정적 단어들이 모여서 기린의 심정을 드러내 보여주는 것은 특이하다 '고향을 그리는 듯한 눈망울'이나 '천사가 미소 짓는 듯한 표정' 등은 직접적인 직유의 표현법을 사용하여 시인의 서정적 감정을 그대로 개입시키고 있다. 이러한 표현법은 결국 시인의 가슴에 사무치게 담겨 있는 고향에 대한 그리움을 기린을 통해서 발견하게 된 것이라 보인다 다음의 시를 보자.

올해는 유독히 반짝이는 황금빛으로
무슨 좋은 일이 있는지 중천에 떠서
환하게 웃고 있는 저 보름달은
옥토끼 엄마의 안부를 알아왔나
소식 끊어진 친구의 소식을 물어왔나
누군가의 좋은 소식을 전하려나
매화의 개화 소식을 가져왔나
오늘따라 유달리 밝게 웃고 있는
저 큰달은 달 크기만큼
오랫동안 잠잠하던 내 가슴에

설렘으로 지핀다

- '보름달' 전문 -

　앞에서의 "기린"처럼 이 시도 자연과 자아의 융합을 보여주고 있다. 이 시에서의 특징은 활유적 방식으로 그 융합의 밀도를 더 치밀하게 하고 있다. '보름달'은 웃고 있다고 한다. 이 웃음은 '무슨 좋은 일이 있는지'는 알 수 없지만 올해는 유독 황금빛으로 반짝이며 중천에 떠 있는 것은 시인의 예감에는 좋은 일이 생겨날 것 같은 것으로 보인다는 것이다. 그리고 시인은 달에게 물음을 던지고 있다. 이 물음의 내용은 엄마의 안부나 소식이 끊어진 친구에 대한 안부를 누군가에게 좋은 소식을 전하려는 것이다. 새롭게 피어나려는 매화의 개화 소식을 가지고 왔느냐고도 묻고 있다. 이 물음에 감추어져 있는 시인의 의도는 다름 아닌 봄소식이며 이는 그의 가슴을 설레게 하는 잊었던 만월의 추억을 통한 새 생명의 발아를 기다리는 것을 말하고 있다. 황 시인은 직접법적 표현법을 많이 사용하는 것은 그의 버릇이지만 그는 역시 시인이 지닌 서정적 자아에 대한 환기가 시에 반영된 것이라고 할 것이다. 다음의 시를 보자.

　　산 넘어가는 석양빛에
　　바다 파도가 금빛 물결로 바뀔 때
　　을속도 갈대들이 서서
　　떠돌아다니는 철새들을
　　어서 오라 반기듯이
　　살랑살랑 나부끼며 손짓 한다
　　철새들은 기러기 모양도 그렸다가

일직선으로도 줄 서서 날았다가
무리를 이루었나 싶으면
일시에 흩어진다
갈대가 바람에 올 때마다
여고 졸업 기념으로 같이 와
양옆으로 늘어선 카페들 흘리는 음악을 들으며
갈대숲에서 숨바꼭질하던 친구들
지금은 이리저리 흩어져 소식은 끊겼어도
친구들 깔깔대던 웃음소리 들리는 듯하고
꿈 많던 그 시절이 그립다.

- '을숙도'전문 -

 이 '을숙도'는 시인이 고교 졸업여행을 왔던 곳이다. 다시 찾은 을숙도는 갈대들이 무성하게 자라 해 질 무렵이라 황금빛을 물들어 있다. 또 이곳에 떠돌아다니는 철새들 모여 그들의 삶터가 되어있다. 가끔 이 철새들이 벌이는 군무는 여고 시절의 모습을 보여준다. 교정에 모여 있다 흩어지던 여학생들의 모습은 철새들을 닮았다. 이 갈대숲에 새들의 숨바꼭질은 여고 시절 꿈 많던 소녀들이 재잘거리며 미래를 이야기하거나 그들의 생활에서 생긴 이야기를 하던 때를 떠올리게 한다. 이 시에서 시인은 단순하게 '꿈 많던시절이 그립다'는 마음을 그대로 드러내 보여주고 있다. 그러면서도 시인이 을숙도를 마치 수채화처럼 감성적 필치로 그려내면서 '그립다'라는 어휘에 내포된 과거 속에 담긴 가버린 시절이 아쉬움으로 남아 있기 때문이리라 생각된다. 철새는 계절이 바뀌면 날아가고 그러다가 다시 계절이 돌아오면 찾아온다는 순환은 시인에게는 아쉬움을 느끼게 하는 근원이다. 따라서 자연을 통해 인간은 그가 가진 삶의 실체나 진실을 깨

닫게 되고 이를 아쉬움으로 보여주게 된다.

3. 삶의 감성적 접근과 아름다움과 진실함에 대한 갈구

　시에는 무엇보다도 생명의 아름다움이나 진실을 의미축으로 우리를 감동하게 하는 힘이 있다. 그러기에 시인은 이 진실함이나 아름다움 혹은 착함에 이르기까지 이를 주제로 한 언어의 새로운 활용을 창작해 내는 것이 시의 미학이 된다. 이런 포괄적 의미에서 황 시인은 먼 신을 바라보고 있는 나그네처럼 사물을 객관적 관점에서 정돈하여 하나의 풍경을 만드는 방법을 선택하고 있다. 이는 그가 시에 관한 일반적 인식이 아주 간명함을 볼 수 있다. 시를 쓰고자 하는 대상을 하나의 구도로 설정하고 있다. 시를 마치 카메라의 렌즈 안에 피사체들을 정확히 설정해야 셔터를 누를 수 있었다는 사진가의 체험에서 생긴 것인지 모르겠다. 다음의 시를 보자

　　남쪽에서 바람이 분다
　　꽃바람이 분다
　　온동네 천지가
　　매화로 마을을 뒤덮고
　　산수유로 마을을 이루었다
　　매화마을에 사는 사람은 매화를 닮았고
　　산수유마을에 사는 사람은 산수유를 닮았다
　　광양 홍쌍리에 매화가
　　봄소식을 전하면서

구례 산동에서 산수유가
뒤질세라 꽃망울들 터뜨린다
밝음을 만들어져 쉬어가라고
힘을 모아 앞으로 나아가라고…

- '남쪽나라' 전문 -

이 시는 그가 즐기는 여행지의 풍경을 대상으로 하고 있다. 봄이 오는 날 광양 매화리를 찾아가서 매화마을에 찾아온 봄의 생동적 모습을 그리고 있다. 이 시에서 흥미 있는 시인의 관찰은 마치 산문을 쓰듯이 평범하게 언술하면서 그만의 독특한 필치를 보여준다. 그중 하나가 '매화마을에 사는 사람은 매화를 닮았고/산수유 마을에 사는 사람은 산수유를 닮았다'는 시인의 표현이다. 정말 어린 날 엄마와 함께 시장에 가서 보면 새우젓을 파는 아저씨는 새우젓을 닮았는지 눈이 가늘게 보였고 꽁치를 파는 아저씨는 얼굴이 꽁치같이 생겼다고 생각이 들었다. 내가 이 말을 엄마한테 하면 엄마도 웃으면서 '정말 그러네' 하고 웃었다. 이는 연상의 현상이지만 황 시인에게 있어서는 꽃에 대한 환상이 인간에게로 옮겨온 것이라 보여진다. 시인은 이 화려한 풍경을 보면서 꽃들이 만든 밝음이 안식을 주는 신호가 되고 또 힘을 모아 내일을 향해 나아가라는 뜻으로 해석된다. 이 시는 꽃과 인간의 융화에서 오는 아름다운 결합을 시인은 그려보고 싶어 한 것이라 보인다. 다음의 시를 보자.

그 곱던 손이
마디가 어느샌가 울퉁불퉁 불거져 나와

시퍼러죽죽 옹이 마디진 손
아침이라고 뻣뻣해져 신호를 보낸다는 손
얼마나 미련 없이 부지런을 떨었으면
움직일 때마다 세월을 읊는다는 손
말을 할수록 손만큼이나
생각에도 옹이 져
세월만큼이나
체면에 말 못할 말들이 수두룩해져
굵게 마디진 손만 바라보며
쓴 커피만 홀짝홀짝
지나가는 바람에 모래 들어와
눈물만 닦는다.

-'손' 전문-

 이 시는 손마디에 옹이를 소재로 하고 있다. 더 정확히 접근하면 손이 가지는 삶의 흔적을 옹이를 통해서 보여준다. 세월을 따라 어려운 일을 하며 살아가노라면 손이 거칠게 된다. 그리고 손가락에 옹이가 만들어지기도 한다. 시인에게 있어서 옹이는 내면에 앓고 있던 삶의 옹이가 소나무 널빤지로 옮겨와 하나의 굳어진 상처처럼 박혀 있어서 그 선명한 테두리가 나무의 나이테를 움켜쥐고 있는 것을 볼 수 있다. 그럴 때면 얼마나 시달리며 세월을 보냈는가를 생각하게 된다. 이처럼 황 시인에게 있어서 삶의 서러움이 그의 손에 박힌 옹이가 되어 가슴 속에 살아있는 것이다. 이 시에서 자연과 인간의 융합이라는 것은 그의 생활 속에 감추어진 하나의 감성적 응어리가 되며 이 응어리는 삶의 본질을 돌아보는 기회도 되는 것이다. 다음의 시를 보자.

 콜로라도강 옆 아리조나주

남서부 사막을 한참 횡단하다 만난
오래된 페이지 시내를 지나
앤텔로프캐년 출입구 부근에서
인디언들의 지프차로 환승
모래 먼지 한참 휘날리며 도착한 동굴
좁고 기다란 입구
벽에는 온통 컴컴한 사암들이
나선형으로 물결치며
하늘로 승천할 듯 요동치는 벽
천정에 뚫린 작은 동그란 틈 사이로
때마침 한줄기 빛이 비추이니
사방팔방 화려한 주황색으로
바뀌는 동굴 벽
벽들에 갇힌 인간을 구하러 온 구원의 빛
모래 한 줌 빛 따라 흘러내려
더욱 형상화된 영광의 빛은
현실이 되어 동굴 안에 갇힌 사람들
천상으로 구원해 주는 빛.

-'앤탤로프 캐널' 전문-

　이 시는 미국 여행을 떠나 콜로라도강 옆 아리조나주 남쪽 사막을 횡단하여 앤텔로프 계곡에서 본 풍경을 대상으로 하고 있다. 그중에서도 모래 먼지를 휘날리며 도착한 동굴을 특히 조명하고 있다. 길고 좁은 입구를 지나 가면 벽은 사암으로 이루어져 있다. 이 벽은 나선형으로 하늘로 승천하는 듯한 모양을 보이며 위로 올라가고 있다. 그 끝 천정에 동그란 틈이 있고 그 틈으로 햇빛이 내려와 벽이 주황색으로 변하고 있다. 시인은 이 햇빛 줄기가 사암 벽을 타고 내려오면서 보여주는 신비한 주황색이 마치 인간과 신이 마주하는 순간처럼 느껴짐을 고백하고 있다. 다음의 시를 보자.

안개 많이 낀 날
길을 달리는데 안개에 둘러싸여
양옆은 하나도 보이지 않고
앞만 희미하게 보인다.
앞차의 깜빡이만 보고 간다.
아무 생각도 못하고
이 안개 터널만 빠져나갈 생각만 난다
늘 다니던 길도 낯선 길 같고
생경(生梗)하다
안개가 벽을 만들었다
보이지 않는 벽을 만들었다
사방 구분을 못 한다
이 세상사는 게 오리무중
안개 속을 헤매는 것 같다
무엇이 옳은지도 모르고
깜빡이만 보고 가는 것 같이...

* 생경(生硬)하다: 익숙지 않아 어색하다.

-'안개의 삶' 전문-

이 시는 황 시인이 살아가면서 그의 삶의 행로에 놓인 장애를 안개가 낀 길을 가듯이 살아가고 있다는 광의적 의미를 가지고 있는 듯이 보인다. 이 삶의 시련은 어쩌면 인간이 숙명적으로 겪어야 하는 일인 듯이 보이기도 한다. 그의 시는 이러한 막힌 벽을 깨치고 나가보려는 하나의 행위로 보이기도 한다. 끝으로 황 시인의 시에서는 이러한 건전한 삶에 대한 관찰이 정직하게 담겨 있다. 그는 삶을 돌아봄에 있어서

미사여구로 치장하거나 스스로 변명하는 듯한 표현을 보여주지 않는다. 그는 건실하게 자신에게 주어진 사람을 감당하면서 어쩌면 현실적이기까지 한 문제들을 그 자신의 솔직함으로 드러내 보여준다. 이 첫 시집은 황 시인의 시적 여정의 첫걸음이다. 그는 사물을 정확하게 보는 눈을 가졌고 긍정적으로 인간을 이해하려는 의지를 자연을 통해 흡입하는 힘을 가지고 있다. 특히 그가 꽃을 시적 대상으로 올리는데 관심을 두는 것은 그가 성장과 개화라는 생명의 세계에 감성적으로 응답하고 있음을 보여주는 것이다. 황 시인의 첫 시집 출간을 축하한다. 꼭 내일의 시 세계가 우리를 더 깊이 인간적이며 합리적 현실에 건전한 시풍으로 반갑고 놀라게 할 것을 기대한다.

초판 인쇄일 2025년 10월 30일
초판 발행일 2025년 10월 30일
지은이 황보혜
발행인 박근정
발행처 심　상

06788 서울특별시 서초구 양재동 353-4 청암빌딩 2F
TEL. 02-3462-0290
FAX. 02-3462-0293
출판등록 제라-1696

값 12,000원
ⓒ 황보혜
ISBN 979-11-85659-58-9